BEI GRIN MACHT S
WISSEN BEZAHLT

- Wir veröffentlichen Ihre Hausarbeit,
  Bachelor- und Masterarbeit

- Ihr eigenes eBook und Buch -
  weltweit in allen wichtigen Shops

- Verdienen Sie an jedem Verkauf

Jetzt bei www.GRIN.com hochladen
und kostenlos publizieren

Josepha Helmecke

Welchen Einfluss hat der demographische Wandel auf das Rentensystem der BRD?

GRIN Verlag

Bibliografische Information der Deutschen Nationalbibliothek:

Die Deutsche Bibliothek verzeichnet diese Publikation in der Deutschen National-
bibliografie; detaillierte bibliografische Daten sind im Internet über http://dnb.d-
nb.de/ abrufbar.

Impressum:

Copyright © 2005 GRIN Verlag GmbH
Druck und Bindung: Books on Demand GmbH, Norderstedt Germany
ISBN: 978-3-638-75227-5

Dieses Buch bei GRIN:

http://www.grin.com/de/e-book/56852/welchen-einfluss-hat-der-demographische-
wandel-auf-das-rentensystem-der

GRIN - Your knowledge has value

Der GRIN Verlag publiziert seit 1998 wissenschaftliche Arbeiten von Studenten, Hochschullehrern und anderen Akademikern als eBook und gedrucktes Buch. Die Verlagswebsite www.grin.com ist die ideale Plattform zur Veröffentlichung von Hausarbeiten, Abschlussarbeiten, wissenschaftlichen Aufsätzen, Dissertationen und Fachbüchern.

Besuchen Sie uns im Internet:

http://www.grin.com/

http://www.facebook.com/grincom

http://www.twitter.com/grin_com

Welchen Einfluss hat der demographische Wandel auf das Rentensystem der BRD?

Hausarbeit

Politik und Bevölkerung in Deutschland

FB Politik und Sozialwissenschaften

Otto-Suhr-Institut

Freie Universität Berlin

Vorgelegt von
Josepha Helmecke

Berlin, 5. Oktober 2005

Inhaltsverzeichnis

1. Einleitung

Am 18. Oktober 1961 unterschrieb die Bundesrepublik Deutschland die Europäische Sozialcharta, welche am 26. Februar 1965 in Kraft trat.[1] Damit verpflichtete sich die BRD unter anderem zur Einführung bzw. Aufrechterhaltung eines Systems der Sozialen Sicherheit und dessen fortschreitender Optimierung.[2] Der Begriff des Sozialen Sicherungssystems beschreibt ein Netz der finanziellen Absicherung des Einzelnen in der Gesellschaft bei Krankheit, Alter, Unfall etc. und unterliegt dem Prinzip der gesellschaftlichen Solidarität. Die Basis der sozialen Sicherung stellen die gesetzlichen Sozialversicherungen. Zu ihnen gehören die Krankenversicherung, Unfallversicherung, Arbeitslosenversicherung, Rentenversicherung und Pflegeversicherung. In allen Fällen wird der Leistungsbedarf durch das Beitragsaufkommen in einem Jahr finanziert, wobei angesammeltes Kapital als kurzfristige Schwankungsreserve dient. Im Fall der Rentenversicherung spricht man auch von Umlageverfahren beziehungsweise Generationsvertrag, bei dem der Beitragsatz der Versicherungspflichtigen sofort für den Leistungssatz der Rentenempfänger aufgewendet wird. Demnach investieren die Beitragszahler nicht in ihre eigene Rente, sondern finanzieren die auszuzahlenden Renten. Gesetz dem Prinzip der Solidarität werden die Renten der heutigen Beitragszahler wiederum von den Beiträgen der folgenden Generation finanziert. Hierbei ergibt sich jedoch folgendes Problem. Aufgrund des demographischen Wandels[3] wird für die Bundesrepublik Deutschland eine Verringerung der Bevölkerungszahl von heute (Stand: 2000) 82 Millionen auf 65 bis 70 Millionen im Jahr 2050 und eine starke Besetzung der Rentnergeneration vorausberechnet.[4] Gründe dafür sind das Absinken des Geburtenniveaus und die steigende Lebenserwartung in Deutschland. Folglich wird sich die Zahl der Leistungsempfänger im Vergleich zu den Beitragszahlern erhöhen, so dass die Rentensicherung kraft des Generationsvertrages seine Funktion, bei steigendem Altenquotient und ohne entsprechende Maßnahmen, verlieren könnte.

---

[1] Europarat (2004)
[2] Bundeszentrale für politische Bildung Bd. 397 (2004: 386)
[3] siehe Kapitel 2.1
[4] Statistisches Bundesamt Wiesbaden (2000)

Mittels genauerer Betrachtung des demographischen Wandels und dessen Einfluss auf das Rentensystem in der BRD sowie der Erläuterung des Rentensystems und der Darstellung von Maßnahmen und Änderungen seitens der Rürup – Kommission (SPD) und der Herzog – Kommission (CDU) zur Sicherung des Rentensystems soll im folgenden Text geklärt werden, inwiefern sich der demographische Wandel negativ auf das soziale Sicherungssystem, im speziellen auf die Rentenversicherung in der BRD, auswirkt. Abschließend soll beurteilt werden, ob ein modifiziertes Rentensystem, angepasst an die demographischen Veränderungen, weiterhin als Bestandteil des sozialen Sicherungssystems betrachtet werden kann.

2. Der demographische Wandel

Um klären zu können, welchen Einfluss der demographische Wandel auf das Rentensystem der BRD hat, wird im Folgenden erklärt, was unter dem Begriff demographischer Wandel zu verstehen ist und wie sich die Bevölkerung bis zum Jahr 2050 entwickeln wird. Als Grundlage für die Zukunftsaussichten der Bevölkerungsentwicklung Deutschlands dienen die Ergebnisse der 9. koordinierten Bevölkerungsvorausberechnung des statistischen Bundesamtes Wiesbaden aus dem Jahr 2000.

2.1 Der demographische Wandel und dessen Entwicklung bis 2050

Der demographische Wandel beschreibt die Bevölkerungsentwicklung eines Landes bzw. der Welt und setzt sich aus drei Komponenten zusammen: der Geburtenhäufigkeit, der Lebenserwartung und der Migration.[5] Um erklären zu können, wie sich die Größe und die Altersstruktur der Bevölkerung Deutschlands verändert, wird die Bevölkerung zunächst in drei Generationen unterteilt: die unter 20-jährigen bilden die Kindergeneration, die 20- bis 65-jährigen die Elterngeneration und die 65-jährigen und älteren Personen die potenziellen Rentenempfänger bzw. die Großelterngeneration.[6]

[5] Statistisches Bundesamt Wiesbaden (2000)
[6] Fachinger / Rothgang (1997:815)

Deutschland gehört weltweit zu den Ländern mit der geringsten Geburtenhäufigkeit.[7] Dieser Trend lässt sich bereits seit den 1970er Jahren abzeichnen. Ausschlaggebend für diese Feststellung waren die 1960er Jahre in der Bundesrepublik Deutschland, die durch den sogenannten Babyboom gekennzeichnet waren.[8] In geburtsstarken Jahrgängen der 1960er wurden in der BRD über eine Million Kinder geboren, das heißt, dass durchschnittlich 2500 Kinder pro 1000 Frauen zur Welt kamen.[9] Ab den 1970er Jahren nahm die Zahl der Geburten stark ab, bis in den 1980er Jahren durchschnittlich 1000 Frauen weniger als 1300 Kinder gebaren[10].

In der DDR lässt sich eine ähnliche Entwicklung des Geburtenrückgangs nachzeichnen. Obwohl es in den 1970er Jahren der DDR noch einen Geburtenanstieg gab, nahm die Zahl der Geborenen Ende der 1980er bis Anfang der 1990er drastisch ab, aufgrund der politischen, wirtschaftlichen und sozialen Veränderungen als Folge der Deutschen Einheit, so dass 1000 Frauen nur noch durchschnittlich 800 Kinder gebaren[11]. Betrachtet man die Geburtenhäufigkeit in den 1990er Jahren in Deutschland insgesamt, kann man sagen, dass durchschnittlich 1000 Frauen 1400 Kinder zur Welt brachten.[12]

Somit werden in Deutschland deutlich weniger Menschen geboren, als vor 40 Jahren mit dem Resultat, dass die Altersstruktur der Bevölkerung Deutschlands durch die in den 1960er Jahren Geborenen dominiert wird.[13] Der Hauptgrund des Geburtenrückgangs ist laut Birg darin zu sehen, dass sich sowohl die wirtschaftliche als auch gesellschaftliche Stellung der Frau dahingehend verändert hat, dass sie nun ihrer individuellen „biographischen Entscheidungsfreiheit"[14] unterliegt, und ein Kind nicht mehr der finanziellen und sozialen Sicherheit dient, sondern viel mehr ein langfristiger Risikofaktor in der modernen Wirtschaftsgesellschaft darstellt. Kinder werden heutzutage weniger als traditionelle und familiäre Werterfüllung gesehen, sondern vielmehr als kostenintensive, mobilitäts- und flexibilitätshemmende Verantwortung.[15] Die individuelle Kinderplanung wurde zudem durch die Einführung von Kontrazeptiva ab dem Jahr 1965 deutlich erleichtert.

[7] Zandonella (2003)
[8] Geißler (2004:5)
[9] Statistisches Bundesamt Wiesbaden (2000)
[10] Statistisches Bundesamt Wiesbaden (2000)
[11] Statistisches Bundesamt Wiesbaden (2000)
[12] Zandonella (2003)
[13] Statistisches Bundesamt Wiesbaden (2000)
[14] Birg (2003:82)
[15] Birg (2003:64-82)

Wenn sich der Trend des geringen Geburtenniveaus weiterhin in Deutschland durchsetzt, ist davon auszugehen, dass es sich bei der deutschen Bevölkerung um eine alternde Gesellschaft handelt, da die heutige starke Elterngeneration zukünftig die Rentnergeneration bilden wird und deren Kinder die zukünftige zahlenmäßig schwächere Elterngeneration. Diese Generation wird, bei anhaltender Geburtenhäufigkeit, ebenfalls weniger Kinder zur Welt bringen. Aufgrund der sinkenden Geburtenziffer und einer steigenden Anzahl der Menschen im Rentenalter, wird auch die Zahl der Sterbenden die der Geborenen übersteigen. Bereits im Jahr 1999 starben 76 000 Menschen mehr als geboren wurden.[16] Für das Jahr 2010 wird vorausgesagt, dass über 300 000 Menschen und für das Jahr 2030 über 500 000 Menschen in Deutschland mehr sterben, als geboren werden.[17]

Während die Zahl der Geburten, auf ein Jahr gerechnet, in Deutschland sank und nun davon auszugehen ist, dass dieses Niveau gehalten wird, steigt die Lebenserwartung, aufgrund des steigenden Wohlstands, des medizinisch-technischen Fortschritts sowie des Rückgangs der Säuglings- und Kindersterblichkeit.[18] Im Vergleich zu den 1970er Jahren ist die Lebenserwartung heutzutage um 7 Jahre gestiegen, so dass man davon ausgehen kann, dass ein 60 jähriger Mann noch weitere 19 Jahre und eine 60 jährige Frau noch weitere 23 Jahre leben wird.[19] Darüber hinaus zeigt die 9. koordinierte Bevölkerungsvorausberechnung, dass davon auszugehen ist, dass die Lebenserwartung bis zum Jahr 2050 um weitere 4 Jahre steigen wird.[20] Das bedeutet, dass Kinder, die heute geboren werden, ein Durchschnittsalter von 93 Jahren (bei den Mädchen) und 86 Jahren (bei den Jungen) erreichen können.[21] Feststellend ist also zu sagen, dass die heutzutage lebende Bevölkerung älter als ihre Vorfahren wird.

Bevor die Bevölkerungszahl und die Altersstruktur Deutschlands genauer bestimmt werden kann, muss letztlich noch die Migrationentwicklung betrachtet werden. Dabei sind die Zu- und Fortzüge aus dem bzw. in das Ausland der letzten Jahrzehnte von beachtlicher Bedeutung. Während die 1950er und 1960er Jahren noch geprägt waren von einer hohen Immigrationswelle, aufgrund der Anwerbung ausländischer Arbeitskräfte aus wirtschaftlichen Gründen, stieg die Emigrationsrate, nach dem Anwerberstopp der 1970er Jahre, bis Ende der 1990er Jahre.

---

[16] Statistisches Bundesamt Wiesbaden (2000)
[17] Enquête-Kommission Demographischer Wandel (2002:36)
[18] Geißler (2004:6)
[19] Statistisches Bundesamt Wiesbaden (2000)
[20] Enquête-Kommission Demographischer Wandel (2002:59)
[21] Statistisches Bundesamt Wiesbaden (2000)

Zunächst erfolgte in den 1980er und Anfang der 1990er Jahren nochmals ein Zuzug deutschstämmiger Aussiedler aus Osteuropa, Asylbewerbern und Bürgerkriegsflüchtlingen aus politischen Gründen nach Deutschland, jedoch Ende der 1990er Jahre wurden insbesondere die Bürgerkriegsflüchtlinge in ihre Heimatländer zurückgeführt.[22] Erst ab dem Jahr 1999 stieg die Emigrationsrate, aufgrund der positiven Bilanz seitens der ausländischen Bevölkerung auf 200 000.[23]

Die Vergangenheit hat gezeigt, dass es aufgrund wechselnder Ursachen zu starken Schwankungen des Wanderungssaldos kam. Da diese Ursachen nur schwer vorhersehbar sind, hat die 9. koordinierte Bevölkerungsvorausberechnung zwei Varianten entwickelt, bei denen es zu einem langfristigen jährlichen Wanderungsgewinn von 100 000 ausländischer Personen (Variante 1) bzw. 200 000 ausländischer Personen (Variante 2) bis zum Jahr 2049 kommt. Daraus ergibt sich eine Nettozuwanderung bis zum Jahr 2049 zwischen 4,9 und 9,3 Millionen Ausländern.[24] Des Weiteren wurde eine Kontrollvariante berechnet, die zeigen soll, wie sich die Bevölkerung entwickelt, wenn ein Wanderungsgewinn ausbleiben sollte, d.h. wenn die Zu- und Fortzüge gleichermaßen hoch sein sollten. Hierbei wird von einer „Sockelwanderung" der ausländischen Bevölkerung[25], mit einem ausgewogenen Saldo von 400 000 Zu- und Fortzüge pro Jahr, ausgegangen.[26] Die zuziehenden Ausländer werden überwiegend jünger sein und somit im erwerbsfähigen Alter, während die Fortziehenden zu den älteren Generationen gehören. Daraus ergibt sich für die deutsche Bevölkerung ein „gewisser Verjüngungseffekt"[27].

Zusammenfassend lässt sich also sagen, dass sich die Altersstruktur der deutschen Bevölkerung aufgrund der drei Einflussfaktoren, Geburtenhäufigkeit, Lebenserwartung und Migration, stark verändern wird. Die am stärksten besetzte Altersgruppe wird von den Ende 30-jährigen und Anfang 40-jährigen, also der heutigen Elterngeneration, gebildet, welche in den geburtstarken Jahrgängen der 1960er Jahre geboren wurden. Diese werden demzufolge in der Zukunft eine starke Altersgruppe der ab 60-jährigen ausmachen.

---

[22] Geißler (2004:8)
[23] Statistisches Bundesamt Wiesbaden (2000)
[24] Statistisches Bundesamt Wiesbaden (2000)
[25] Statistisches Bundesamt Wiesbaden (2000)
[26] Statistisches Bundesamt Wiesbaden (2000)
[27] Statistisches Bundesamt Wiesbaden (2000)

Da die Frauen der heutigen Elterngeneration im Durchschnitt jeweils nur 1,4 Kinder zu Welt brachten, ist die jetzige Kindergeneration, demzufolge die folgende Elterngeneration, schwächer besetzt. Falls diese, laut der 9. koordinierten Bevölkerungsvorausberechnung, ebenfalls nur 1,4 Kinder gebären werden, wird die Anzahl der darauffolgenden Kindergeneration weiter sinken, „weil es dann weniger potenzielle Eltern gibt"[28].

Die zukünftige Großelterngeneration (die heutige Elterngeneration), könnte selbst dann nicht ersetzt werden, wenn die Frauen der folgenden Elterngeneration, anstatt 1,4 jeweils 2 Kinder zur Welt bringen würden, da diese Elterngeneration eindeutig zu schwach besetzt ist.[29] Selbst eine Zuwanderung von über 200 000 ausländischen Personen pro Jahr könnte den Alterungsprozess der deutschen Bevölkerung nicht verhindern, sondern lediglich verlangsamen.[30] Die Modellrechnung der UN hat diesbezüglich ergeben, dass jährlich 3,4 Millionen Ausländer immigrieren müssten, um die heutige Kinder- und Elterngeneration derartig zu stärken, so dass eine ausgeglichene Relation zwischen ihnen und der Großelterngeneration besteht.[31] Betrachtet man nun alle Fakten der 9. koordinierten Bevölkerungsvorausberechnung ergibt sich folgende Veränderung in der Altersstruktur bis zum Jahr 2050: die Zahl der Kindergeneration (unter 20-jährige) wird von 17,7 Millionen auf 9,7 Millionen sinken, die Elterngeneration wird von 42,3 Millionen auf 27,8 Millionen sinken und die Rentnergeneration wird von 17,9 Millionen auf 23,1 Millionen steigen.[32] Demnach stellt sich ein Bevölkerungsrückgang von 82 Millionen (1998) auf 75 Millionen im Jahr 2030 und 65 Millionen im Jahr 2050, einhergehend mit einem Überschuss an älteren Personen, in Deutschland ein.[33]

---

[28] Statistisches Bundesamt Wiesbaden (2000)
[29] Statistisches Bundesamt Wiesbaden (2000)
[30] Birg (2003:177-178)
[31] Statistisches Bundesamt Wiesbaden (2000)
[32] Birg (2003:104)
[33] Zandonella (2003)

3. Das Rentensystem der Bundesrepublik Deutschland

Bevor geklärt werden kann, welchen Einfluss der demographische Wandel auf das Rentensystem der Bundesrepublik Deutschland hat, wird zunächst erläutert wie die Altersvorsorge in Deutschland gesichert ist.

Die Alterssicherung wird von drei Säulen getragen: der gesetzlichen, der privaten und der betrieblichen Rentenversicherung. Bedeutend für die Fragestellung des Textes ist die gesetzliche Rentenversicherung, da sie Teil des sozialen Sicherungssystems ist und, aufgrund ihrer Struktur, von der Bevölkerungsentwicklung abhängig ist. Diese Abhängigkeit soll im Folgenden dargestellt werden.

Die gesetzliche Rentenversicherung ist als Umlageverfahren geregelt. Das bedeutet, dass alle Einnahmen der Rentenversicherung durch die Beitragszahler und den Steuermitteln des Bundes direkt als Rentenzahlungen an die Rentner weitergegeben werden (Generationsvertrag), demnach investieren die Beitragszahler nicht in ihre eigene Rente, sondern müssen darauf vertrauen, dass die künftige Beitragszahlergeneration in einem ausreichendem Umfang für die Rente der jetzigen Beitragszahler aufkommen werden.[34] Demzufolge beruht der Generationsvertrag auf dem Prinzip der Solidarität und des Vertrauens.[35] Die Höhe der Einnahmen der gesetzlichen Rentenversicherung richten sich nach dem Beitragssatz (19,5 %), der Anzahl der beitragspflichtigen Versicherten und deren Beitragsbemessungsgrenze (Bruttogehalt), sowie der Höhe des jeweiligen Bundeszuschusses.[36] Zu den beitragspflichtigen Versicherten zählen alle abhängig beschäftigten Arbeitnehmer sowie Auszubildende.[37]

Die Höhe der Rentenauszahlung errechnet sich wie folgt: jeder beitragspflichtige Arbeitnehmer zahlt monatlich 19,5 % seines Bruttolohnes in die Rentenversicherung ein und erhält dafür am Ende eines Jahres Entgeldpunkte. Diese Punkte werden bei Eintritt ins Rentenalter addiert und mit dem gültigen Rentenwert in Euro, des Rentenartfaktors und des Zugangsfaktors multipliziert.[38]

---

[34] Schmidt (2004:610)
[35] Schmidt (2004:261)
[36] Fachinger/Rothgang (1997:816)
[37] Bundesministerium für Gesundheit und soziale Sicherheit
[38] Bundesministerium für Gesundheit und soziale Sicherheit

Das Rentenniveau (durchschnittliche Rentenhöhe in Deutschland) liegt bei 70 % des Nettolohns, wobei davon ausgegangen wird, dass 45 Jahre in die gesetzliche Rentenversicherung eingezahlt wurde. Als Berechnungsgrundlage dient das Durchschnittseinkommen aller Versicherten in Deutschland.[39] Die Rentenauszahlungen werden jährlich zum 1. Juli der veränderten Einkommensentwicklung aller Versicherten angepasst. Dies geschieht, indem die Rente mit dem dann gültigen erneuerten Rentenwert neu berechnet wird (Rentenanpassungsformel). Die Höhe der Rentenanpassung richtet sich also nach der Lohnentwicklung des vergangenen Kalenderjahres, wobei auch Veränderungen beim Beitragssatz der Rentenversicherung berücksichtigt werden.[40]

Rund 80 % der deutschen Bevölkerung sind Beitragszahler der gesetzlichen Rentenversicherung und fast alle über 60-jährigen in den neuen Bundesländer und 95 % der über 60-jährigen in den alten Bundesländern sind Leitungsempfänger.[41] Der Rentenbestand betrug im Jahr 2001 23 Millionen, von denen 6 Millionen Hinterbliebenenrente bezogen.[42] Das Verhältnis zwischen den Menschen im Erwerbsalter und den Menschen im Rentenalter bezeichnet man als Altenquotient, wobei die Altersgrenze der Leistungsempfänger bei 60 Jahren liegt.[43] Im Jahr 2001 lag der Altersquotient bei 44, das heißt, dass 44 Personen im Rentenalter 100 Personen im erwerbsfähigen Alter gegenüberstanden.[44] Laut der 9. koordinierten Bevölkerungsvorausberechnung wird sich der Altenquotient schrittweise bis zum Jahr 2050 auf 78 erhöhen.[45] Demnach müssen fast doppelt soviel Rentner von 100 Erwerbstätigen finanziert werden, als es heute der Fall ist.

Deutlich wurde also, dass sich die Einnahmen und Ausgaben der gesetzlichen Rentenversicherung nach der Höhe der Beitragszahler und Beitragsempfänger richtet und nur dann die Funktion der finanziellen Alterssicherung inne hat, wenn die Rentenausgaben durch die Beitragseinnahmen gedeckt sind.

---

[39] Bundesministerium für Gesundheit und soziale Sicherheit
[40] Schmidt (2004:610)
[41] Bundesministerium für Gesundheit und soziale Sicherheit
[42] Bundesministerium für Gesundheit und soziale Sicherheit
[43] Fachinger/Rothgang (1997:814-815)
[44] Statistisches Bundesamt Wiesbaden (2000)
[45] Statistisches Bundesamt Wiesbaden (2000)

4. Folgen des demographischen Wandels in Bezug auf das Rentensystem der BRD

In diesem Kapitel sollen kurz zusammengefasst die Folgen des demographischen Wandels auf das Rentensystem der BRD geschildert werden. Wie in Kapitel 2.1 eingehend erklärt wurde, sinkt die Geburtenhäufigkeit, während die Lebenserwartung steigt. Die Folge ist, dass die Bevölkerungszahl von 82 Millionen (Stand: 2000) auf ca. 65 Millionen bis 70 Millionen im Jahr 2050 sinken wird, da die künftig geborenen Kindergenerationen immer schwächer besetzt sein werden, als ihre Elterngenerationen. Demzufolge wird auch die Zahl der Erwerbsfähigen (20-65-jährigen), die heutzutage bei 52 Millionen liegt, bis zum Jahr 2050 auf 44 Millionen sinken.[46] Erschwerend kommt hinzu, dass sich zum einen die Ausbildungsdauer erhöht hat, so dass ein Eintritt in die Erwerbsarbeit durchschnittlich im Alter von 20 Jahren stattfindet. Zum anderen liegt die Erwerbsquote der Frauen[47] im mittleren Alter noch weit hinter der Erwerbsquote der Männer im gleichen Alter.[48] Hierfür sind als Ursachen meist Geburten und Kinderbetreuung durch die Frau, durchschnittlich bis zum 40. Lebensjahr, anzuführen.

Für die Wirtschaft und somit auch für die sozialen Sicherungssysteme bedeutet eine sinkende Zahl Erwerbsfähiger zweierlei: zum einen wird davon ausgegangen, dass die Erwerbstätigkeit vorerst, aufgrund konjunktureller Ursachen, von 38,68 Millionen (Stand: 2002) auf 39,2 Millionen im Jahr 2010 zunehmen wird.[49] Ab dem Jahr 2020 wird die Zahl der Erwerbstätigen dagegen von 39,2 Millionen auf 37,8 Millionen zurückgehen, da sich ein Sinken des Arbeitskräftepotenzials in Deutschland einstellen wird.[50] Parallel dazu wird zum anderen die Arbeitslosigkeit geringfügig aber dennoch langfristig in Deutschland abnehmen. Zunächst wird die Arbeitslosenquote von 9,5 % (Stand: 2002) auf 8,8 % bis zum Jahr 2010 sinken.[51] Grund dafür ist der sich langsam einstellende Arbeitskräftemangel, insbesondere hochqualifizierter Arbeitskräfte, mit dem Resultat, dass die Arbeitslosenquote von 7,0 % voraussichtlich im Jahr 2020 weiter auf 4,4 % im Jahr 2030 sinken wird.[52]

---

[46] Schneider (2003:1)
[47] Die Potentialerwerbsquote der Frauen liegt momentan bei 44,6 % der Bevölkerung. (vgl. Rürup-Kommission (2002:59))
[48] Rürup-Kommission (2002:57-61)
[49] Rürup-Kommission (2002:62)
[50] Rürup-Kommission (2002:62)
[51] Rürup-Kommission (2002:62)
[52] Rürup-Kommission (2002:62)

Demzufolge liegt das gesamtwirtschaftliche Wachstum in den Jahren 2002 bis 2030 bei 1,7 % p.a. und sinkt erst, in Folge der geringen Geburtenhäufigkeit, ab dem Jahr 2030 auf 1,4 % p.a..[53] Zur Lohnentwicklung lässt sich sagen, dass sich ein Abfall dessen von 2,9 % (Stand 2002) auf 2,6 % bis zum Jahr 2010 prognostizieren lässt und sich ein Lohnanstieg erst bis zum Jahr 2030 auf 3,0 % einstellen wird.[54] Aufgrund des sinkenden Wirtschaftswachstums und des geringfügigen Lohnanstiegs, werden folglich auch die Rentenbeiträge sinken, da diese von der Arbeitsmarktsituation und der Lohnentwicklung abhängig sind.[55]

In Bezug auf die Rentenversicherung bedeutet diese demographische Entwicklung eine sinkende Zahl der beitragspflichtigen Versicherten, trotz Abnahme der Arbeitslosenquote und einer positiven Lohnsteigerung, im Vergleich zu einer steigenden Zahl der Leistungsempfänger in den Jahren 2000 bis 2050. Doch nicht nur die Anzahl der Rentner wird von Jahr zu Jahr steigen, sondern auch deren Rentenbezugsdauer, da sich aufgrund der verbesserten medizinischen Versorgung und Lebensbedingungen, die Lebenserwartung erhöht hat und laut des statistischen Bundesamtes auch weiterhin steigen wird. Mit der wachsenden Rentnergeneration und der steigenden Lebenserwartung werden auch die Kosten für Pflege, Gesundheit und Rente steigen, die wiederum von den schwächeren Elterngenerationen getragen werden müssen. Aus diesem Grund muss es zu einer Reformierung bzw. Modifizierung des Rentensystems kommen.

5. Reformierungsvorschläge seitens der etablierten Parteien CDU und SPD zur Aufrechterhaltung der gesetzlichen Altersvorsorge

Anhand der dargestellten demographischen Fakten der 9. koordinierten Bevölkerungsvorausberechnung des statistischen Bundesamtes Wiesbaden und deren Auswirkungen auf das Rentensystem der BRD, sollen im Folgenden Reformierungsmöglichkeiten aufgeführt werden, um abschließend klären zu können, ob das Rentensystem im Zuge dieser Veränderungen noch zu dem sozialen Sicherungssystem gehören kann.

---

[53] Rürup-Kommission (2002:62)
[54] Rürup-Kommission (2002:62)
[55] Siehe Berechnung der Rentenformel in Kapitel 3.

Da die Zahl der über 60-jährigen stetig steigt und die Zahl der 20- bis 60-jährigen parallel dazu sinkt, kann die Finanzierbarkeit des Rentensystems nur dann gesichert werden, wenn verschiedene Änderungen im System vorgenommen werden bzw. wenn es gelingt, die demographischen Veränderungen dahingehend zu verbessern, dass eine Modifizierung des Rentensystems nicht oder nur geringfügig von Nöten wäre. Zu Beginn werden mögliche Veränderungen in den Bereichen Beitragsatz, Rentenanpassungsformel, Erhöhung des Rentenzugangsalters, neue Berechnung der Erziehungszeiten, Rentenniveau und Leistungsumfang dargestellt. Im Anschluss daran sollen Möglichkeiten aufgeführt, welche die negative demographische Entwicklung, sprich der stetig steigende Altenquotient, aufhalten bzw. mildern könnten. Zu diesen Änderungen zählen die Erhöhung der Geburten- und der Migrationrate. Entscheidend für jede folgende Benennung der Ausgaben und Einnahmen der gesetzlichen Rentenversicherung sind die demographischen Vorausberechnungen des Statistischen Bundesamtes Wiesbaden.

Bei steigender Lebenserwartung und sinkenden Beitragszahlern müsste zum einen der Beitragssatz von heute 19,5 % auf 46 % erhöht werden, wenn das Rentenniveau von durchschnittlich 70 % gehalten werden soll.[56] Doch weder die CDU noch die SPD wollen den Beitragsatz von knapp 20 % derart erhöhen. Laut dem Bericht der Rürup –Kommission (SPD) soll eine Maximalerhöhung von 22 % bis zum Jahr 2030 nicht überstiegen werden.[57] Die Herzog-Kommission (CDU) hingegen fordert eine Festsetzung des Beitragssatzes auf maximal 20 % und eine Senkung des Eingangs- und Spitzensteuersatzes (Steuerreform), damit der Steuerzahler einen größeren „finanziellen Spielraum für eine private Altersvorsorge"[58] hat.[59] Ziel dieses Veränderungsvorschlages der CDU soll es sein, die private kapitalgedeckte Altersvorsorge immer mehr in den Vordergrund zu rücken, während die gesetzliche Rentenversicherung nach und nach in ihrer Funktion geschwächt werden soll.[60]

Wenn der Beitragsatz nur geringfügig erhöht wird, müsste zugleich das Rentenniveau verringert und/oder das Rentenzugangsalter erhöht werden. Das Rentenniveau müsste jedoch auf rund 30 % des Nettolohns gesenkt werden, wenn der Beitragssatz weiterhin bei ca. 20 % liegen soll.[61] Um dies zu verhindern, wurde zunächst die Rentenanpassungsformel um einen

---

[56] Birg (2003:176)
[57] Rürup-Kommmission (2002:66)
[58] Schneider (2003:8)
[59] Schneider (2003:8)
[60] Schneider (2003:8)
[61] Birg (2003:176)

weiteren Faktor ergänzt. Die jährliche prozentuale Anpassung der Rente an die Lohnentwicklung wird durch den eingefügten demographischen Faktor (CDU) bzw. Nachhaltigkeitsfaktor (SPD) in Zukunft gedämpft, da nun auch die demographischen Veränderungen wie zum Beispiel die niedrige Geburtenrate und die Beschäftigungssituation in die Berechnung mit einfließen.[62] Darüber hinaus fordert die Rürup – Kommission eine maximale Verringerung des Rentenniveaus auf 67 % bis zum Jahr 2030.[63] Der Bericht der Herzog – Kommission weist diesbezüglich auf keinen Änderungsvorschlag hin.[64]

Die Erhöhung des gesetzlichen Rentenzugangsalter hätte zwei positive Auswirkungen auf die Finanzierbarkeit der Rente. Zum einen wäre die Rentenbezugsdauer bei einem späteren Renteneintritt trotz höherer Lebenserwartung kürzer. Zum anderen würde sich dadurch die Anzahl der Erwerbsjahre erhöhen, so dass die gesamtgesellschaftlichen Einnahmen der gesetzlichen Rentenversicherung deutlich höher ausfallen würden. Des weiteren würde sich ein erhöhtes Ruhestandsalter positiv auf den Altenquotienten auswirken, da dieser nun deutlich niedriger ausfallen könnte.

Aufgrund dessen fordert sowohl die Herzog-Kommission, als auch die Rürup – Kommission eine schrittweise Erhöhung des Rentenzugangsalter von 65 auf 67 Jahren in dem Zeitraum zwischen 2011 bis 2023.[65] Nach Berechnung der 9. koordinierten Bevölkerungsvorausberechnung wäre es jedoch dringend notwendig das Rentenzugangsalter letztlich auf 73 Jahre zu erhöhen, um dem steigenden Altenquotienten entgegenzuwirken.[66] Damit die Ziele kraft der Anhebung des gesetzlichen Rentenzugangsalters erreicht werden können, wäre eine Verbesserung der Arbeitsmarktlage unumgänglich, damit es älteren Menschen ermöglicht wird auch nach Ablauf des 60. bzw. 65 Lebensjahres zu arbeiten.[67] Darüber hinaus stöße eine Erhöhung des Rentalters wohl auf große Ablehnung in der Bevölkerung und zusätzlich käme die Frage auf, wie hoch der Anteil älterer Mensche wäre, die noch in der Lage sind auch im hohen Alter ohne gesundheitliche Risiken arbeiten zu können. Eine breite Akzeptanz kann nur dann erreicht werden, wenn geeignete Rahmenbedingungen für Arbeitgeber und Arbeitnehmer geschaffen werden, beispielsweise Anreize für längere Erwerbstätigkeit durch gesetzgeberische Maßnahmen.[68]

---

[62] Schmidt (2004:466)
[63] Rürup-Kommission (2002:66)
[64] Schneider (2003:1-24)
[65] Schneider (2003:8)
[66] Birg (2003:176)
[67] Schneider (2003:8)
[68] Rürup-Kommission (2002:82-85)

Da die Erhöhungen des Beitragsatzes auf 22 % und des Rentenzugangsalters auf 67 Jahre unabwendbar, jedoch nicht ausreichend sind, wurde bereits beginnend mit den 1990er Jahren über eine Verringerung des Leistungsumfangs der gesetzlichen Rentenversicherung debattiert und durchgesetzt. Zu den Veränderungen zählen unter anderen höhere Abschläge bei einem früheren Renteneintritt, Anrechnung von maximal drei statt bisher sieben Jahre der Schulausbildung, niedrigere Bewertung der ersten Berufsjahre und Abschläge bei Renten wegen verminderter Erwerbsfähigkeit.[69]

Neben den genannten finanziellen Veränderungen im Rentensystem, sollte es auch zu demographischen Veränderungen kommen. Zu solchen Veränderungen zählt unter anderen auch die Erhöhung der Zahl der Beitragszahler. Eine Reserve an erwerbstätigen Beitragszahlern lässt sich bei kindererziehenden Frauen finden. Die Potenzialerwerbsquote von Frauen liegt in Deutschland bei 44,6 %, meist zurückzuführen auf die erwerbslose Kindererziehungszeit.[70] Demnach haben Frauen, die Kinder zur Welt brachten einen kindererziehungsbedingten Rentennachteil, da sie als potenzielle Beitragszahler aufgrund der Kindererziehungsjahre ausfallen und folglich weniger Rente erhalten, als gleichaltrige alleinstehende Frauen. Die Modellrechnung der Rürup – Kommission hat ergeben, dass Frauen die ein Kind gebaren einen geringeren Rentenanspruch haben, als Frauen, die keine oder mehr als ein Kinder zur Welt brachten. Diese Rechnung ergibt sich aus dem Anteil der Rentenansprüche, die sich wiederum aus der Anrechnung der Kindererziehungsleistungen ergeben. Bei einem Kind beträgt der Anteil des Rentenanspruches 12 %, bei zwei Kindern 20 % und bei drei Kindern knapp 27 %.[71] Folglich müsste es zu einer Neuregelung der kinderbezogenen Leistungen der Rentenversicherung kommen und zudem zu einer Verbesserung der Erwerbsperspektiven sowie der Rahmenbedingung für eine Erwerbstätigkeit von kindererziehenden Frauen. Wie diese Veränderungen im Einzelnen aussehen sollen, wurde von der Rürup – Kommission jedoch noch nicht herausgearbeitet.[72] Die Herzog-Kommission schlägt vor, dass die Anrechnung der Kindererziehungsjahre für die Rente verdoppelt werden sollte. Demzufolge sollen für Kinder, die nach dem 01.01.1992 geboren wurden, anstatt drei Jahre, sechs Jahre für die Rente angerechnet werden und für Kinder, die vor dem 01.01.1992 geboren wurden, zwei Jahre statt einem Jahre angerechnet werden.[73] Die Finanzierung der erhöhten Rentenauszahlung kindererziehender Frauen, soll mittels Steuern gesichert werden.[74]

[69] Birg (2003:172)
[70] Rürup-Kommission (2002:59)
[71] Rürup-Kommission (2000:73)
[72] Rürup-Kommission (2002:65-142)
[73] Schneider (2003:9)
[74] Schneider (2003:9)

Würde es der Regierung gelingen, sowohl die finanzielle Alterssicherung, als auch die Erwerbstätigkeit kindererziehender Frauen mittels einer geeigneten Familienpolitik zu fördern und zu sichern, könnte sich zeitgleich eine Erhöhung der Geburtenrate einstellen.[75]

Eine andere Maßnahme zur Erhöhung der erwerbstätigen Beitragszahler und zur Senkung des Altenquotienten stellt die Aufstockung der Migrationsrate in Deutschland dar. Laut Berechnung der Vereinten Nationen ist eine Netto-Einwanderung von 188 Millionen Menschen bis zum Jahr 2050 nötig, um den Anstieg des Altenquotienten zu verhindern.[76] Der damit erzielte „Verjüngungseffekt" der deutschen Bevölkerung ist jedoch sehr gering, da die Geburtenrate auch bei ausländischen Immigranten relativ niedrig ist (Von 1000 Frauen werden 1900 Kinder geboren.[77]). Die Folge wäre vorerst ein Anstieg der jungen ausländischen Bevölkerung bis zum Jahr 2050 von 7,4 Million auf 10,0 Millionen. Bis zum Jahr 2100 würde sich diese Bevölkerungszahl jedoch wieder auf 6,8 Millionen verringern.[78] Darüber hinaus wird die zahlenmäßig starke zugezogene junge Bevölkerung wiederum später eine starke Rentnergeneration ausmachen, wodurch die Finanzierbarkeit des Rentensystems für nur eine Generation gesichert wäre. Abgesehen davon wäre das soziale Ungleichgewicht durch eine erhöhte Zuwanderung ausländischer Personen noch größer als es bereits ist, da davon auszugehen ist, dass die schulische und berufliche Ausbildung zugezogener Ausländer geringer ist, als die der deutschen Bevölkerung und erst die folgenden Kindergenerationen der zugezogenen Ausländer von dem deutschen Bildungssystem profitieren würden. Aufgrund dieser Tatsache würde eine derart hohe Migrationrate, wie oben beschrieben, die Arbeitslosenquote deutlich anheben, u.a. mit der Folge, dass weniger Menschen in die gesetzlichen Rentenversicherung einzahlen und die Kluft derer, die eine angemessene Rentenauszahlung erhalten und derer die im Alter in Armut leben müssen immer größer wird. Die Frage, ob das Rentensystem trotz demographisch angepassten Veränderungen noch als Teil des sozialen Sicherungssystems gesehen werden kann, ist hier noch nicht eindeutig zu beantworten. Grund dafür ist zum einen die Ungewissheit welche Reformvorschläge der jeweiligen Parteien durchgesetzt werden und zum anderen, ob diese Veränderungen langfristig erfolgreich sind.

---

[75] Birg (2003:177-183)
[76] Birg (2003:177)
[77] Birg (2003:177)
[78] Birg (2003:177)

Während die SPD die, auf dem Umlageverfahren beruhende, gesetzliche Rentenversicherung beibehalten und mittels Erhöhung des Rentenzugangsalters und des Beitragssatzes sowie einer Verringerung des Rentenniveaus die Finanzierbarkeit sichern möchte, zielt die Kommission der CDU langfristig auf eine kapitalgedeckte private Altersvorsorge ab, mit der Folge, dass die gesetzliche Rentenversicherung immer mehr ins Abseits gerät. Beide Reformvorschläge sind an die demographischen Veränderungen angepasst, beheben jedoch nicht das Problem der rückläufigen Geburtenhäufigkeit. Falls es in Zukunft nicht gelingen wird, die Bevölkerungsentwicklung derart positiv zu beeinflussen, wird es nicht nur zu einer gravierenden Umstrukturierung des Rentensystems kommen müssen, sondern zu einer drastischen Schwächung des gesamten sozialen Sicherungssystems, da es in seinem Aufbau und seiner Finanzierung von der Bevölkerungsentwicklung abhängig ist.

6. Fazit

Zusammenfassend lässt sich sagen, dass die Finanzierbarkeit des Rentensystems bei der andauernden demographischen Entwicklung nur dann gewährleistet ist, wenn es in Zukunft zu einer Modifizierung dessen kommt. Zu den gravierendsten Veränderungen in der Bevölkerungsstruktur der BRD zählen: der Anstieg des Altenquotienten von heute 44 auf 78 im Jahr 2050, aufgrund der sinkenden Anzahl lebend geborener Kinder und der steigenden Lebenserwartung. Aufgrund der daraus resultierenden wirtschaftlichen und gesellschaftlichen Folgen wird es von Nöten sein in allen Bereichen des Rentensystems Änderungen, in Form von finanziellen Mehrbelastungen und leistungsorientierten Einsparungen, vorzunehmen, da es andernfalls nicht mehr finanziell tragbar für die folgenden Elterngenerationen wäre, den Generationsvertrag aufrechtzuerhalten. Zum einen wird es unausweichlich sein das Ruhestandsalter anzuheben und die Beitragssätze zu erhöhen sowie das Rentenniveau und das Leitungsniveau zu verringern. Zum anderen muss die kapitalgedeckte private Altersvorsorge ergänzend zur gesetzlichen Rentenversicherung eingeführt werden. Diese Form der Altersvorsorge hat den Vorteil, dass sie von den demographischen Veränderungen unabhängig ist und der individuellen Entscheidungsfreiheit unterliegt. Sie birgt jedoch das Risiko des finanziellen Verlustes, da sich die kapitalgedeckte Altersvorsorge am Kapitalmarkt orientiert und zu meist weniger Sicherheit bietet, bei höheren Ertragschancen.[79]

---

[79] Birg (2003:184)

Einen weiteren Aspekt zur Sicherung des gesetzlichen Rentensystems stellen demographische Maßnahmen seitens der Politik dar. Ziel dieser Maßnahmen muss es sein, den Alterungsprozess der deutschen Gesellschaft durch einen Anstieg der Geburten – und der Migrationrate aufzuhalten bzw. zu mildern. Mit einer entsprechenden Familien- und Ausländerpolitik könnte dies erreicht werden. Ein Erfolg könnte jedoch erst nach der ersten Hälfte des 21. Jahrhunderts verzeichnet werden, da ein Anstieg der Bevölkerung nur dann erreicht wird, wenn aus der stärkeren Kindergeneration eine noch stärkere Folgegeneration hervorgehen würde.

Sollte sich keine Besserung der Bevölkerungsentwicklung in den nächsten Jahrzehnten einstellen, kann man davon ausgehen, dass die gesetzliche Rentenversicherung ihre Funktion als Sozialversicherung verlieren wird. Gründe dafür sind zum einen die übermäßigen Beitragskosten die den verhältnismäßig geringen Ertragskosten gegenüberstehen werden, so dass sich zum anderen der altersvorsorgliche Grundgedanke dahingehend verändern wird, dass sich die Erwerbstätigen fortan privat, in Form der kapitalgedeckten Altersvorsorge absichern werden. Demnach wird man nicht mehr von einer sozialen Altersvorsorge, beruhend auf dem Sozialstaatsprinzip und dem Prinzip der Solidarität, in der BRD sprechen können, sondern vielmehr von einer individuellen, kapitalorientierten Altersvorsorge, beruhend auf dem Prinzip des finanziellen Wohlstandes und der Eigennützigkeit.

Literaturverzeichnis

Birg, Herwig (2003): Die demographische Zeitenwende. Der Bevölkerungsrückgang in
Deutschland und Europa, 3. Auflage, Verlag C. H. Beck, München.

Bundesministerium für Gesundheit und soziale Sicherheit: Renten-Lexikon, aus:
<http://www.bmgs.bund.de/deu/gra/themen/rente/index_3211.php> Eingesehen am 23.08.2005

Bundeszentrale für politische Bildung (2004): Menschenrechte. Dokumente und
Deklarationen, Bd. 397, 4. aktualisierte und erweiterte Auflage, Bonn, S. 381- 396.

Enquête – Kommission Demographischer Wandel (2002): Herausforderungen unserer älter
werdenden Gesellschaft an den Einzelnen und die Politik, Deutscher Bundestag, Referat
Öffentlichkeitsarbeit (Hrsg.), Berlin.

Europarat (2004): Europäische Sozialcharta SEV-Nr. : 035. Vertrag aufgelegt zur
Unterzeichnung durch die Mitgliedstaaten des Europarates, aus:
http://conventions.coe.int/Treaty/Commun/ChercheSig.asp?NT=035&CM=2&DF=25/08/04&
CL=GER Eingesehen am: 23.08.2005

Fachinger, Uwe/Rothgang (1997): Zerstört der demographische Wandel die Grundlagen der
sozialen Sicherungen? Auswirkungen auf die Einnahmen und Ausgaben der gesetzlichen
Renten-, Kranken- und Pflegeversicherung, in: Zeitschrift für Sozialreform, 43. Jg., H. 11/12,
S. 814-838.

Geißler, Rainer (2004): Sozialer Wandel in Deutschland (=Schriftenreihe der Bundeszentrale
für Politische Bildung, Heft 269), Bonn.

Rürup-Kommission (2002): Nachhaltigkeit in der Finanzierung der Sozialen
Sicherungssysteme – Bericht der Rürup – Kommission, aus:
<http://www.soziale-sicherungssysteme.de/download/PDFs/Bericht.pdf > Eingesehen am
20.08.2005

Schmidt, Manfred G. (2004): Wörterbuch zur Politik, 2., vollständig überarbeitete und erweiterte Auflage, Kröner Verlag, Stuttgart.

Schneider, Andrea M. (2003): Zusammenfassung und Erläuterung des Berichts der Kommission „Soziale Sicherheit" vom 29. September 2003 sowie des Beschlusses des Parteitags der CDU vom 1./2. Dezember 2003, in: Konrad-Adenauer-Stiftung (Hrsg.): Der Bericht der Herzog-Kommission und der Beschluss des CDU-Parteitags, Nr. 119/2003, Sankt Augustin, aus:
<http://www.kas.de/publikationen/2004/3915_dokument.html > Eingesehen am 20.08.2005

Statistisches Bundesamt Wiesbaden (2000): Bevölkerungsentwicklung Deutschlands bis zum Jahr 2050. Ergebnisse der 9. koordinierten Bevölkerungsvorausberechnung, aus:
<http://www.destatis.de/download/veroe/bevoe.pdf > Eingesehen am 19.08.2005

Zandonella, Bruno (2003): Bevölkerungsentwicklung und Sozialstaat (= Themenblätter der Bundeszentrale für politische Bildung, Nr. 26), Bonn.